Unglaublich und fabelhaft

von Kalle und Nicki Herges

mit Illustrationen
von Benjamin König

Mildenberger

Bildquellenverzeichnis:
S. 15: fotolia, gudkovandrey; S. 17: fotolia, anankkml; S. 18: fotolia, corbis_infinite; S. 19: fotolia, Thomas Launois; S. 20: fotolia, aussieanouk; S. 32: fotolia, makieni; S. 35: fotolia, makieni; S. 48: fotolia, bepsphoto; S. 50: fotolia, highwaystarz; S. 51: fotolia, kappa400; S. 65: fotolia, zatletic; S. 66: fotolia, OLIVER stockphoto; S. 68: fotolia, Milles Studio; S. 86: fotolia, santiago silver; S. 89: fotolia, grape_vein; S. 90: fotolia, Brian Jackson; S. 101: fotolia, Tamas Zsebok; S. 103: fotolia, auipuistock; S. 104: fotolia, lassedesignen; S. 106: NPL/David Shale.

Bestell-Nr. 540-32 ISBN 978-3-619-05432-9

www.mildenberger-verlag.de
E-Mail: info@mildenberger-verlag.de

Auflage 6 5 4 3 2
Jahr 2023 2022 2021

Bezugsmöglichkeiten
Alle Titel des Mildenberger Verlags erhalten Sie unter: www.mildenberger-verlag.de oder im Buchhandel. Jede Buchhandlung kann alle Titel direkt über den Mildenberger Verlag beziehen. Ausnahmen kann es bei Titeln mit Lösungen geben: Hinweise hierzu finden Sie in unserem aktuellen Gesamtprogramm.

Umschlag- und Innenillustrationen: Benjamin König
Redaktion: Marketa Görgen, www.korrekt-net.de
Typografie & Herstellung: Julia Walch, 65812 Bad Soden
Druck und Bindung: Grafisches Centrum Cuno GmbH & Co. KG, 39240 Calbe
Gedruckt auf umweltfreundlichen Papieren

Inhaltsverzeichnis

Tiger 5

Fragen zur Geschichte • Wortknobelei • Kreatives Schreiben 12

Wissenswertes über Tiger 15

Im Abseits 21

Fragen zur Geschichte • Wortknobelei • Kreatives Schreiben 29

Wissenswertes über Fußball 32

Sauer wie nie 37

Fragen zur Geschichte • Wortknobelei • Kreatives Schreiben 45

Wissenswertes über Halloween 48

Weihnachts-Wow 53

Fragen zur Geschichte • Wortknobelei • Kreatives Schreiben 62

Wissenswertes über Weihnachten 65

Maxi und Minni 71

Fragen zur Geschichte • Wortknobelei • Kreatives Schreiben 83

Wissenswertes über Märchen 86

Eine Gespenstergeschichte 91

Fragen zur Geschichte • Wortknobelei • Kreatives Schreiben 98

Wissenswertes über Gespenster 101

Lösungen 107

Tiger

„Tiger“, so nennt mich mein Vater schon, solange ich denken kann. Und das gefällt mir. Ich erklär euch mal, warum.

Nein, ich habe kein Fell, keine Streifen und keine Reißzähne. Über die würde ich mich auch nicht beschweren. Denn wie oft ich beim Zahnarzt bin, das geht auf kein Tigerfell. So komme ich also mit meiner Erklärung nicht weiter. Dann schon eher mit China. Ja, China ... das ist der richtige Ansatz. Meine Eltern lieben ... na?! ... China und ich bin nach chinesischem Horoskop ein Tiger. Es gibt dort Tierkreiszeichen wie Affe, Schlange, Schwein oder Ratte ... und mit Tiger habe ich es doch gut getroffen, oder? Mutig, selbstsicher, taugt zum Anführer, kann aber auch rebellisch sein – so sind Tiger-Typen – und da ist auch was dran. Ich bin Klassensprecherin, mag Klettertouren, Abenteuer jeder Art und bei Ungerechtigkeiten geh ich auf die Palme.

Tiger, das passt einfach. Ich muss zugeben, dass ich untertreibe. Denn Tiger sind meine Lieblingstiere und ich bewundere sie. Doch diese „Liebe“ wurde auf eine harte Probe gestellt.
„Tjara, halt dich fest. Du ahnst nicht, wo es im Urlaub hingeht.“

Und ob! Seit Tagen lagen Prospekte mit Titeln wie „Reiseland China“ im Arbeitszimmer.
„Wohin? Ich hab keine Ahnung, Pa“, log ich.
Ich wollte ihm die Überraschung nicht verderben.
„Wir fahren nach …“
– Ma legte eine Pause ein, um die Spannung zu steigern – „… China.“
„Super!“, rief ich. Meine Überraschung war gespielt, meine Freude nicht. Denn ich fand es super. Aber es kam noch besser.
„Und …“ – dieses Mal spielte Pa auf Zeit – „… und wir besuchen einen Tigerpark.“
„Was? Wow!“ Jetzt war ich wirklich überrascht.
War das ihr Ernst?

Ein paar Wochen später stellte sich diese Frage nicht mehr. Wir waren in China ... und tatsächlich auf dem Weg in ein Abenteuercamp. Abenteuer, genau mein Ding! Selbstverständlich war alles gut durchdacht, gut vorbereitet und in puncto Sicherheit supergut gecheckt worden. Doch manchmal hilft auch die beste Planung nicht. Ich glaube, das kennt jeder von uns. Wir fuhren also im Schneckentempo durch den dichten Urwald. Drei Familien mit fünf Begleitern in alten Jeeps – und ständig hatte ich das Gefühl, dass unsere Gruppe nicht alleine war. Tiger sieht man erst, wenn es zu spät ist. Sie pirschen sich an oder lauern dir auf. Ihr gestreiftes Fell verschwimmt im Sonnenlicht. Sie sind Schatten ... nur Schatten ... bis ...

„Tjara!“

Meine Mutter zeigte in das undurchdringliche Blattwerk. Ich verstand. Da war wirklich eine Bewegung. Unsere chinesischen Begleiter zückten die Gewehre und stießen hektische Worte aus. Waren wir in Gefahr? Pa blieb ruhig, aber ich kenne ihn, er wollte nur so wirken, als ob er ... Da! Ein tiefes, mächtiges Knurren. Von einem Tiger?! Das hatten wir doch gewollt, oder? Ja und nein. Ja, wir wollten Tiger sehen. Nein, so nah musste es nicht sein. Knack! Setzte er zum Sprung an? Die Chinesen gestikulierten wild. Was meinten sie? Was wollten sie? Was?!

„Rück ganz dicht an mich ran!“, stieß Ma hervor.

Ich war wie gelähmt vor Angst, doch Pa umfasste meine Schultern. Schon saß ich ganz eng zwischen meinen Eltern.

„Ma!“ Ich klammerte mich an sie.

„Die haben alles im Griff“, behauptete Pa, doch seine Stimme war brüchig. Atemlose Stille, Sprachlosigkeit, panische Blicke, die für sich sprachen. Stille? Wirklich? Die Ruhe vor dem ... Wusch! Bamm! Mit Urgewalt brach etwas durch das Unterholz. Blätter spritzten zur Seite, Äste brachen, ein riesiger Satz eines gewaltigen Tigers ... nur zwanzig Meter von uns entfernt.

„Aaah!“, stöhnten wir auf. „Ooh!“
„Quiek!“ Ein Hieb mit der mächtigen Pranke ...
ein letzter herzzerreißender Schrei ... der Tiger hatte seine Beute gemacht. Er schleppte ein Wildschwein davon. Und – das wird wohl einmalig bleiben – wir waren unmittelbare Zeugen ... so nah ... so geschockt ... und auch erleichtert. Der Jagdtrieb hatte seine Scheu vor uns Menschen ausgeblendet. Ein einmaliges Erlebnis ... durch unvergessliche Bilder in mir verewigt.

Fragen zur Geschichte

Versuche die folgenden Fragen zu beantworten. Wenn du die richtigen Antwortbuchstaben auf einem Blatt notierst, bekommst du das Lösungswort.

1. Warum wird Tjara von ihrem Vater Tiger genannt?

S Tjara hat Tigerstreifen in ihre Haare eingefärbt.
F Sie hat den Charakter eines Tigers, ist ein Tiger-Typ.
E Tjara ist ein indonesisches Wort. Übersetzt heißt es Tiger.
O Er ärgert sie damit, weil sie große, spitze Zähne hat.

---

2. Was ist Tjara nach dem chinesischen Horoskop?

T Schlange
U Affe
E Tiger
Z Schwein

---

3. Warum weiß Tjara, dass die Reise nach China geht?

L Im Arbeitszimmer liegen Reiseprospekte zu China.
X Ihre Eltern üben fleißig Chinesisch.
A Tjaras Mutter hat sich einen Reishut besorgt.
H Sie hat ein Gespräch ihrer Eltern belauscht.

---

4. **Wie kommt es, dass der Tiger seine Scheu vor Menschen verdrängt hat?**

G Er hat sich mit ihnen angefreundet.

M Der Tiger war lange im Zirkus.

N Er ist durch Yoga gelassener geworden.

L Sein Jagdtrieb war stärker als seine Scheu.

Das Lösungswort findest du auf Seite 108.

Wortknobelei

Welche Wörter gibt es wirklich? Schau im Duden oder in einem Online-Wörterbuch nach, wenn du dir nicht sicher bist. Kombiniere die Buchstaben, die bei den richtigen Begriffen in Klammern stehen, und schon hast du das Lösungswort.

-film (G)

-gericht (A)

-hund (P)

Reise- (R)

ABENTEUER

-trip (T)

-salat (W)

-urlaub (E)

-spielplatz (I)

Die Lösung findest du auf Seite 109.

Lösungshilfe:

Gesucht wird der Name einer großen Wildkatzenart.

Kreatives Schreiben

Traust du dich an einen Tiger heran? Keine Angst, es wird keiner aus den Seiten springen. Aber was ist mit dir? Schreibe eine Geschichte oder ein kleines Gedicht zum Thema Tiger.

Wenn du Lust dazu hast, dann sende deinen Text an das Autorenpaar Kalle und Nicki Herges,
E-Mail: hergeshamburg-stories@web.de
Du erhältst auf jeden Fall eine Antwort. Viel Spaß!

Wissenswertes über Tiger

Wer ist so stark wie ein Bär, größer als ein Löwe und schleicht sich doch leiser an, als du es je könntest? Der Königstiger!
In freier Natur wirst du ihn wohl kaum zu Gesicht bekommen, und wenn ... dann könnte es zu spät sein. Aber eines muss deutlich gesagt werden: Nicht er jagt uns, sondern wir jagen und verjagen den Tiger, sodass er vom Aussterben bedroht ist. Näheres zu diesem majestätischen Tier möchte ich dir im Folgenden erzählen.
Bis zu 300 kg schwer und zwei bis drei Meter lang – einfach imposant! Der Tiger gehört zu den drei größten Raubtieren der Wälder. Nur Eisbären und Braunbären bringen noch mehr auf die Waage, sind aber längst nicht so gewandt und schnell. Die Raubkatze durchstreift den asiatischen Dschungel in der Regel als Einzelgänger. Das sandfarbene Fell mit den

schwarzen Streifen lässt sie mit ihrer Umgebung verschmelzen. Selbst dann, wenn man ganz in der Nähe ist, fällt es unheimlich schwer, den Tiger zu erkennen.
Weltweit gibt es nur noch knapp über 3 000 Tiere in freier Wildbahn. 1920 waren es noch etwa 100 000 Exemplare. Schuld an diesem enormen Rückgang trägt der Mensch. Er zerstört den Lebensraum des Tigers und jagt ihn wegen seines Fells oder seiner Reißzähne. Die Jagd auf ihn ist zwar verboten, doch skrupellose Geschäftemacher setzen sich darüber hinweg. Tierschutzorganisationen stemmen sich aber dagegen. Man hofft, dass sich durch stärkere Kontrollen und weitere Maßnahmen die Zahl der Tiere bis 2022 verdoppelt.
Muss man Angst vor Tigern haben? Gibt es wirklich Tiger als „Menschenfresser“?
Ja, tatsächlich: Es gibt menschenfressende Tiger. Dabei handelt es sich entweder um alte oder durch eine Verletzung eingeschränkte Tiere, für die der Mensch eine leichte Beute ist. Hirsche und Wildschweine, ihre Hauptnahrung, sind viel schneller oder wehrhafter als der Mensch. Und wenn Menschen ihre Dörfer verlassen, um zum Beispiel Holz oder Honig aus dem Dschungel zu holen, werden sie

angegriffen. Innerhalb des Dorfes sind die Bewohner recht sicher aufgehoben, denn Tiger gehen nur äußerst selten dort hinein. So etwas passiert nur in Hollywood-Produktionen, um die Geschichte spannender zu machen. Trotz allem bleibt aber festzuhalten, dass zum Beispiel 1980 ungefähr 100 Menschen Tigern zum Opfer fielen. Doch das ist natürlich nicht der Normalfall, sondern die Ausnahme. Normalerweise geht der Tiger Menschen aus dem Weg und hat wesentlich mehr Grund, uns zu fürchten. Gesunde Tiere erbeuten vor allem Hirsch- und Wildschweinarten oder sie spezialisieren sich auf Nutztiere des Menschen. Ziegen, Schafe, Rinder usw. sind natürlich nicht sicher vor ihnen. Und das hat wiederum zur Folge, dass die Bauern mit Fallen oder Gewehren ihr Eigentum schützen.

Um an Beute zu kommen, legt der Tiger weite Strecken zurück. Im Schnitt streift er täglich bis zu

25 Kilometer durch sein Revier. Flüsse sind dabei für ihn kein Hindernis. Im Gegensatz zu anderen Großkatzen wie Leoparden oder Löwen schwimmt er sehr gut und gerne. Da werden auch schon mal sehr breite Flüsse durchschwommen. Der Rekord liegt hier bei sage und schreibe 29 Kilometern. Und es gibt noch weitere erstaunliche Fakten. Ein ausgewachsener Tiger benötigt 5 bis 8 kg Fleisch am Tag, kann aber im Extremfall bei einer Mahlzeit bis zu 50 kg verschlingen. Er kann Tiere erlegen, die sein eigenes Gewicht weit übertreffen. So ist schon beobachtet worden, dass riesige Braunbären seine Beute wurden. Und in Ausnahmefällen werden sogar Elefanten angegriffen. Dann jagen zwei Tiger im Team. Der eine lenkt den Elefanten ab, der andere springt dann aus dem Hinterhalt auf dessen Rücken. So etwas kann man sich kaum vorstellen, wenn man die kleinen Jungtiere sieht.

Im Durchschnitt bringt ein Tigerweibchen drei Junge zur Welt. Sie wiegen nur zwischen 800 und 1 600 Gramm, sind blind und hilflos. Dass sie ausgewachsen wahre Kampfmaschinen sind, scheint zu diesem Zeitpunkt nahezu unvorstellbar. Sie entwickeln sich aber schnell und sind nach 18 bis 20 Monaten in der Lage, für sich selbst zu sorgen. Ab diesem Zeitpunkt müssen sie keine natürlichen Feinde mehr fürchten. Sie sind so groß und stark, dass sich niemand an sie herantraut.

Deswegen und wegen ihrer Schönheit haben Tiger im asiatischen Raum eine sehr große Bedeutung. Sie gelten als „Könige des Dschungels“ oder „Herrscher über alle Tiere“, vergleichbar mit dem Stellenwert des Löwen für Europäer und Afrikaner. Tiger symbolisieren Stärke und Macht und so verwundert es nicht, dass die Großkatze zum Beispiel das Staatswappen Malaysias schmückt und 1988 in Südkorea das

Maskottchen der Olympischen Spiele war. In China ist der Tiger ein Sternzeichen und im „Dschungelbuch" oder in „Pu, der Bär" jeweils eine der Hauptfiguren. Und noch ein Letztes zum Abschluss: Während in freier Natur nur noch an die 3 000 Tiger leben, gibt es in Gefangenschaft etwa 11 000 Tiere. Man findet sie zum Beispiel in Tigerparks in China und Indien, in Zoos oder in Privatgehegen. So werden allein in den USA circa 5 000 Tiger privat gehalten. Am bekanntesten dürften sicherlich die Tiger von Siegfried und Roy sein, vor allem die weißen Exemplare, die Seltenheitswert haben. Siegfried und Roy zählen zu den berühmtesten Zauberkünstlern und Dompteuren der Welt und begeisterten ihr Publikum über zehn Jahre lang mit einer Show in Las Vegas.

Im Abseits

Noch zwei Stunden bis zum Spiel. Kein Spiel wie jedes andere. Heute geht es um alles. Das Spiel der Spiele ... das Derby. Was gibt es Spannenderes als Schalke gegen Dortmund, Atlético gegen Real oder eben HSV gegen Werder?! Und Lorenz durfte dabei sein. Männertag ... das hieß Burger, Pommes, Cola und ab zum Spiel. Jacob, sein kleiner Bruder, machte die S-Bahn zur Fankurve. Heute durfte er das. Pa machte keine Anstalten, ihn zu stoppen – nein, er machte mit.

„Wer ist grün und stinkt nach Fisch?“, sang das halbe Abteil und für alle stand die Antwort fest. Am Hauptbahnhof noch einmal umsteigen, das Stadion kam näher, die Gesänge wurden lauter. Jetzt dominierte die Farbe Blau. Im ganzen Abteil nur ein grüner Farbtupfer, der sich bestimmt am liebsten weggewünscht hätte. Jacob trötete, was das Teil hergab, und alle sangen den einsamen Grünen in Grund und Boden. Ein ganz klarer Fall von Abseitsstellung beim Nordderby. Lorenz schmerzten die Ohren und – wenn er es auch nie zugegeben hätte – er war froh, als die Menge aus der Bahn strömte.

Ob man wollte oder nicht, man wurde mitgerissen. Der Strom der Fans ergoss sich in die Station und spülte Lorenz zum Ausgang hinaus.

„Jacob!“

Keine Antwort, nur: „HSV! HSV!“ Das war auch eine Antwort, die Antwort des Tages, aber nicht die, die Lorenz jetzt hören wollte. Hektisch durchsuchte er mit seinen Blicken das Fan-Meer. Blau – weiß – schwarz – weiß ... die Raute, aber weit und breit kein Jacob und kein Pa. Lorenz stemmte sich gegen den reißenden Strom ... vergeblich. Jetzt wünschte er sich das Quaken der Tröte zurück. Aber Fehlanzeige, er hörte nur das rhythmische Klatschen und die Schlachtgesänge. Lorenz schaffte es an den Rand der wogenden Menge. Und tatsächlich ... der Strom wurde zum Fluss, zum Bach und zum Rinnsal. Nur noch vereinzelte Fans, Karten- und Getränkeverkäufer waren zu sehen. Lorenz atmete tief durch. Er war froh, entkommen zu sein, doch: Wo war Jacob? Wo war sein Vater? Waren sie vielleicht auch getrennt worden? Lorenz wusste nicht, was zu tun war. Sollte er hier warten? Oder weiter in Richtung Stadion gehen? Eine Nachricht per SMS, das wäre die Lösung. Wäre?! Doch Jacob und Lorenz hatten ihr Handy nicht dabei. Die Gefahr, dass es im Getümmel verloren ging oder

geklaut wurde, war zu groß. Ja, sie hatten damit gerechnet, ihr Handy zu verlieren, nicht aber einen aus ihrer Männertagstruppe. Und dieser eine stand nun, unschlüssig, was er tun sollte, herum.
„Wer da? Wer da?“ Wieder eine Frage und eine Antwort, die Lorenz nicht wollte. „Werder! Werder!“, schallte es aus der Bahnstation. Oh nein! Bitte nicht!, dachte Lorenz. Dann schon lieber allein. Ihm war natürlich klar, dass dieser Wunsch nicht in Erfüllung gehen würde. Schneller als gedacht war der Vorplatz in Grün getaucht. Seine Mütze und sein Schal verrieten Lorenz. Aber selbst wenn es ihn aus der Schusslinie gebracht hätte, er dachte nicht im Traum daran, beides abzunehmen. Die ersten Werder-Fans nahmen kaum Notiz von ihm. Lorenz begann schon, sich sicherer zu fühlen. Rumms! Ein hünenhafter „Grüner“ hatte seine Schulter ausgefahren.

„Aaahh!“, entfuhr es Lorenz und er hatte Mühe, das Gleichgewicht zu halten. Spinnst du?, wollte er fragen, bremste sich aber noch früh genug. Er durfte keinen Fehler machen. Und ein „Spinnst du?“ oder „Bist du ...?“ wäre ein großer Fehler gewesen. Lorenz biss sich also auf die Unterlippe und verzichtete auf einen Kommentar. Tausend Gedanken schossen ihm durch den Kopf, doch einer stand kristallklar im Vordergrund: Egal, was jetzt geschah, er würde seinen Verein, er würde sich selbst nicht verraten.

„Bist du farbenblind oder einfach nur blöd?“, provozierte ihn der grüne Hüne. Lorenz starrte auf die Erde. Was er jetzt auch sagte, es wäre das Falsche. Schweigen war angesagt, jetzt stand er im Abseits. Doch zum Spielball der grünen Fischköppe würde er sich nicht machen lassen, nie und nimmer.

„Nimm die kackblaue Mütze ab!“ Lorenz reagierte nicht. Kackbraun, nicht kackblau, dachte er, behielt es aber lieber für sich. Der Hüne kam noch näher und seine Kumpane machten den Kreis um ihr Opfer enger. Lorenz machte sich auf das Schlimmste gefasst. Doch eins war klar, so klar wie der anstehende Sieg seiner Mannschaft: Er würde sich nicht zur Wurst machen lassen, nein. Er war bereit zu kämpfen, so aussichtslos es auch sein mochte. Wusch! Blitzschnell hatte der blöde Typ ihm seine Lieblingsmütze vom Kopf gefegt. „Wer macht heute wen platt? Wer wird Deutscher Meister?“, fragte er scheinheilig und kroch Lorenz dabei ins Gesicht. Jetzt galt es, Lorenz musste handeln. Mit dem Mut der Verzweiflung senkte er seinen Kopf, rammte ihn dem Blödtypen in die Magengegend und brüllte dabei: „Ich mach dich platt!“ 1 : 0 für Lorenz.

„Tröööt! Tröööt!“ Das war, das musste Jacob sein. Jedem in seiner Nähe musste bei dieser Lautstärke das Trommelfell wegfliegen. Und ein Bass dröhnte dazu: „Lasst den Jungen in Ruhe!“ Das waren Pa und Jacob ... kein Zweifel.

Ob es der Überraschungseffekt war oder an den Polizisten lag, die sich näherten, wird wohl immer ein Geheimnis bleiben. Wie dem auch sei, der grüne King Kong trollte sich fluchend und seine grünen Jungs folgten ihm. „Lorenz!“, schrien Pa und Jacob wie aus einem Munde und das Männertrio lag sich in den Armen. Lorenz musste nicht viel erklären. Den anderen beiden war es ähnlich wie ihm ergangen. Nur waren sie glücklicherweise zusammengeblieben. Natürlich hatten sie Lorenz gesucht und ihn im richtigen Moment gefunden. Erleichtert gingen die drei ins Stadion, immer schön abseits von grünen und blauen Menschenmassen. Und das Spiel? Das endete 2 : 1 für den HSV … durch ein Abseitstor.

Fragen zur Geschichte

Versuche die folgenden Fragen zu beantworten. Wenn du die richtigen Antwortbuchstaben auf einem Blatt notierst, bekommst du das Lösungswort.

1. Was ist ein Derby?

G ein Endspiel um eine Meisterschaft

F ein Spiel zweier Clubs aus der gleichen Region

I eine Begegnung zwischen dem Tabellenführer und dem Zweiten der Tabelle

H ein Spiel auf matschigem Rasen, benannt nach der englischen Stadt Derby, in der es meistens regnet

2. Was gehört zum Männertag dazu?

M das Rauchen einer Zigarre

O ein Besuch auf dem Fischmarkt

V Kart fahren und Pizza essen

A Burger, Pommes, Cola und ein Spiel des HSV

3. Warum haben die Jungs ihre Handys nicht mit?

U Sie haben sie vergessen.

W Die Verträge der beiden sind ausgelaufen.

N Damit sie nicht verloren gehen.

K Sie besitzen gar keine Handys.

4. Welche Bedeutung hat der Begriff „grüner Junge“?

S Er steht für Unerfahrenheit.

P Der Begriff bezeichnet einen Fan von Werder Bremen.

E Hiermit ist ein junger Anhänger einer politischen Partei gemeint.

B Gemeint ist ein Auszubildender in einer Gärtnerei.

Das Lösungswort findest du auf Seite 110.

Wortknobelei

Welche Wörter gibt es wirklich? Schau im Duden oder in einem Online-Wörterbuch nach, wenn du dir nicht sicher bist. Kombiniere die Buchstaben, die bei den richtigen Begriffen in Klammern stehen, und schon hast du das Lösungswort.

MÄNNER

Fach- (T)
Mengen- (F)
-name (S)
-chor (I)
-abend (O)
-turnier (A)
-WM (D)
-druck (P)
-team (N)
Rück- (R)

Die Lösung findest du auf Seite 111.

Lösungshilfe:

Dort werden Fußballspiele ausgetragen.

Kreatives Schreiben

Was wäre wohl passiert, wenn Jacob und sein Vater später gekommen wären? Schreib das Ende der Geschichte neu.

Wenn du Lust dazu hast, dann sende deinen Text an das Autorenpaar Kalle und Nicki Herges,
E-Mail: hergeshamburg-stories@web.de
Du erhältst auf jeden Fall eine Antwort. Viel Spaß!

Wissenswertes über Fußball

„Einige Leute halten Fußball für eine Frage von Leben und Tod. Ich mag diese Einstellung nicht. Ich versichere Ihnen, dass es viel ernster ist.“ Dieser Ausspruch des ehemaligen Liverpooler Managers Bill Shankly gehört zu den bekanntesten Zitaten zum Thema Fußball. So ganz ernst hat er sich dabei wohl selbst nicht genommen, aber eines wollte Shankly deutlich machen: Fußball bedeutet Leidenschaft pur!
Was Fußball sonst noch bedeutet? Mit Antworten auf diese Frage kann man mehrere Bücher füllen. Ich beschränke mich auf das, was aus meiner Sicht wissenswert und interessant ist.
Der ehemalige englische Fußballprofi Gary Lineker

hat einmal gesagt: „Fußball ist ein einfaches Spiel: 22 Mann jagen 90 Minuten lang einem

Ball nach, und am Ende gewinnen immer die Deutschen."

Das hören die deutschen Fans natürlich gerne, es stimmt nur nicht so ganz. In einem aber hat Lineker vollkommen recht: 22 Männer oder Frauen, ein Ball und zwei Tore sind die Grundvoraussetzungen für das weltweit beliebteste Spiel. Und das Ziel ist klar: Die eigene Mannschaft muss mindestens ein Tor mehr erzielen als der Gegner. So einfach ist das Prinzip, doch die Umsetzung kann unendlich schwer sein.

Und wie hat alles angefangen?

Vor Urzeiten, genauer gesagt im zweiten Jahrtausend vor Christus, sollen die Chinesen schon eine Art Fußball gespielt haben. Damit wollte man die Soldaten fit und stark machen. Auch im antiken Griechenland und im alten Rom wurde vor den Ball getreten, und das aus dem gleichen Grund. Im frühen Mittelalter dann spielten in England benachbarte Orte folgendermaßen gegeneinander: Die Bewohner versuchten, einen Ball vor das gegnerische Stadttor zu treiben und ihn dort hindurchzuschießen. Wenn das gelang, hatte man gewonnen. Ähnliche Wettspiele wurden in Frankreich und Italien ausgetragen.

Die Grundidee des Fußballs gibt es also schon sehr, sehr lange.

Die Entwicklung zur heutigen Sportart Nummer eins hat aber England eingeleitet. Die Insel gilt als das „Mutterland des Fußballs“. Und das haben sich die Engländer auch redlich verdient. Studenten der Elite-Universität Cambridge stellten die ersten Fußballregeln auf. Der erste offizielle Fußballverein der Welt war der FC Sheffield (1857), der erste Fußballverband wurde ebenfalls in England gegründet (1863). Da kann man auch das legendäre Wembley-Tor aus dem Jahre 1966 verzeihen, das jahrzehntelang für Aufregung und Diskussionen gesorgt hat. England hat also viel für die Verbreitung und ein einheitliches Regelwerk getan. In Deutschland hat sich der Fußball später durchgesetzt. Als erster Verein in Deutschland bildete sich 1874 der Dresden English Football Club. Wie der Name schon sagt, waren die Gründer in Dresden lebende Engländer. Erst 1920 begann der Fußball auch in Deutschland die Massen zu begeistern. Und nicht nur dort. 1930 wurde die erste Fußball-Weltmeisterschaft der Männer ausgerichtet, die WM der Frauen wird seit 1991 ausgespielt.
Was macht also die Faszination dieses Spiels aus? Das muss sicherlich jeder für sich selbst beantworten. Vielleicht helfen ein paar Sepp-Herberger-Weisheiten – Sprüche des Trainers der ersten deutschen

Weltmeister-Mannschaft von 1954 – dabei, einer Antwort näherzukommen:

„Das Spiel dauert 90 Minuten. – Der Ball ist rund. – Das nächste Spiel ist immer das schwerste. – Das Runde muss in das Eckige."
Und: „Fußball ist deshalb spannend, weil niemand weiß, wie das Spiel ausgeht."
Fußball ist also ein einfaches und unberechenbares Spiel und daher so faszinierend. Beim Schach gewinnt ... ganz klar der Bessere. Das muss beim Fußball nicht immer so sein. Manchmal gewinnt der Glücklichere und der haushoch Überlegene verlässt als Verlierer das Feld.
So wundert es nicht, dass so viele Fußballer und Fußballerinnen in über 200 Ländern in einem Verein spielen: 2006 waren es sage und schreibe 265 Millionen. Und die Begeisterung hält an.
10 Millionen Fußballer und Fußballerinnen – 6 Millionen in über 27 000 Vereinen und

ca. 4 Millionen Hobbykicker – gibt es allein in Deutschland. Die Zahl der Zuschauer und Fans ist noch um ein Vielfaches höher. Beeindruckende 200 000 Zuschauer verfolgten 1950 bei der WM im legendären Maracanã-Stadion die Partie Brasilien gegen Uruguay. Das ist bis heute Rekord.
Und zum Abschluss zwei weitere unglaubliche Fußballrekorde:
Die meisten Feldverweise gab es in der andalusischen Amateurliga: Der Schiedsrichter José Manuel Barro Escandón musste im Jahr 2009 das Spiel zwischen Recreativo Linense und Saladillo Algesiras wegen grober Unsportlichkeiten abbrechen und verteilte dann 19 Rote Karten.
Das höchste Endergebnis eines offiziellen Fußballspiels stammt aus Madagaskar. Der Verein AS Adema gewann 149 : 0 und musste dafür keinen Finger beziehungsweise Fuß rühren. Denn kurioserweise schoss der Gegner namens Stade Olympique de l'Emyrne aus Protest gegen die Leistung des Schiedsrichters am laufenden Band Eigentore. Mit diesem Protest haben sich die unglaublichen Kicker das größte Eigentor aller Zeiten geschossen.

Sauer wie nie

Halloween, Süßes oder Saures, ein Fest wie für mich gemacht. So war es letztes Jahr und so sollte es auch dieses Mal sein. Es sollte ... aber es kam anders. Sonst war ich mit Süßem bis zum Abwinken nach Hause gekommen und es hatte richtig Spaß gemacht – aber in diesem Jahr ...

Alles fing super an. Ich war mit meinen Eltern kurz zuvor in Florida gewesen. Dort gibt es die besten Halloween-Kostüme der Welt. Und dreimal dürft ihr raten, ob ich eins mitgebracht habe. Na klar! Und nicht nur irgendeins. Es war so cool, so gruselig und täuschend echt, dass ich meine Oma zum ersten Mal sprachlos erlebt habe. Was sage ich? Sprachlos ist viel zu wenig, ich glaube, sie war kurz vorm Herzinfarkt. Denn das Gruselkostüm musste natürlich erst ausprobiert werden, bevor es am Abend zum Einsatz kam. So stand ich am späten Nachmittag überraschend vor der Tür meiner Großeltern. Ich war es, aber niemand konnte mich in meiner Verkleidung erkennen. Ein schwarzer Umhang, ein Kopf wie ein Skelett, durch den auch noch ein Messer ging, das Ganze mit Blutspuren ... kein Wunder,

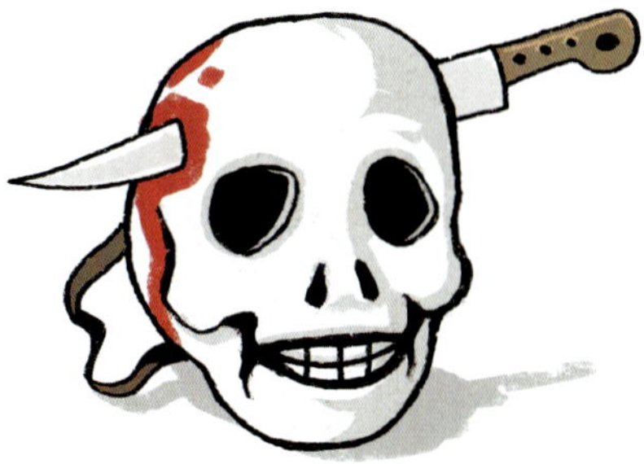

dass meine Oma nicht entspannt war. Omi öffnete die Tür, starrte mich – also das Monster – an und schmiss die Tür blitzartig wieder zu. Kein Wort, kein Schrei, nur schwere Schritte waren zu hören. Opa ... das musste mein Opi sein. Ruckizucki nahm ich die Maske ab. „Was ist denn hier los?“, hörte ich ihn fragen. Die Tür ging auf und ich sah, wie meine Omi ängstlich in meine Richtung zeigte. Jetzt erkannte sie mich.
„Ben!“, stöhnte sie. „Junge! Du hast mir ja einen Schrecken eingejagt.“
Wohl wahr, das hatte ich. Die Generalprobe für den Abend war ein voller Erfolg gewesen.
Und der Tag ging mega weiter für mich. Keine Frage, wer das beste Kostüm hatte. Meine Freunde waren schwer beeindruckt. Und erst die Leute, die uns die Haustür aufmachten. Es ist wirklich nicht übertrieben, ich war der Horrorstar des Abends. Unsere Beutel füllten sich mit Süßigkeiten, randvoll waren sie.
„Für heute reicht's“, sagte Simon.
„Okay, Rückzug“, schloss ich mich an.
„Lasst uns durch den Park gehen“, schlug Marvin vor.
Und das taten wir dann auch. Der war zwar nur spärlich beleuchtet, aber was konnte uns schon passieren, vor allem mir in meinem Giga-Kostüm.
Nicht wir mussten Angst vor irgendjemandem haben,

sondern alle anderen vor uns. So dachte ich, so dachten bestimmt auch meine Freunde, bis ...

„He, ihr Zwerge!“

Was war das? Wer war das? Das galt doch nicht etwa uns?!

„Habt ihr Muffins auf den Ohren? Bleibt stehen, ihr Wichte!“

Wir blieben stehen. Es blieb uns auch gar nichts anderes übrig. Vor uns hatten sich drei Jugendliche aufgebaut.

Im Licht der alten Straßenlaterne konnte ich sie ganz gut erkennen. Und was ich da sah, gefiel mir nicht. Die Typen waren nicht verkleidet, aber ihre Gesichter wirkten brutal.

„Was gibt's?" Ich hatte all meinen Mut zusammengenommen und versuchte, selbstsicher rüberzukommen.
„Was gibt's?", lachte der Anführer schäbig und seine Kumpane äfften ihn nach. „Es gibt 'nen Satz heiße Ohren, wenn ihr uns nicht sofort euren Süßkram dalasst und euch verpfeift."
Um seine Androhung zu unterstreichen, stieß er mich vor die Brust. „Okay", sagte ich. Marvin und Simon waren so sprachlos wie meine Oma am Nachmittag.
„Hier hast du's!", brüllte ich dann, schmiss dem Oberproll eine Ladung Süßigkeiten ins Gesicht und flitzte an ihm vorbei. Meine Freunde konnten offensichtlich ihren Mund nicht mehr bewegen, ihre Beine dafür aber umso schneller. In null Komma nichts rannten wir los. Die echten Monster blieben verdattert stehen. Es dauerte, bis sie uns Fake-Zombies nachsetzten.
Plitsch! Platsch! Plitsch!
Was knallte denn da neben mir auf den Asphalt? Und jetzt ... jetzt auf Simons Rücken! Iiih! Das waren Eier, rohe Eier. Die Idioten warfen uns rohe Eier hinterher! Wenn ihr denkt, das sei die Höhe, dann habt ihr falsch gedacht. Der Gipfel der Frechheit stand mir noch bevor. Mir ... denn einen Nachteil hatte mein Kostüm:

Es machte mich langsam. Ich konnte einfach nicht

vernünftig rennen mit dem Zeug. So spürte ich den heißen Atem meiner Verfolger hinter mir und Wurfgeschosse pfiffen mir um die Ohren. Neeeiiin! Schon war es geschehen. Ich trat auf den Saum meiner Kutte und ritsch, ratsch, rumms ... lag ich am Boden. Ehe ich mich aufrappeln konnte, stieg einer der Idioten auf meinen Rücken.

„Ich hab das Aas!“, triumphierte er. Und schon waren seine Kumpel da. Knack! Platsch! Schmier! Ja, geht’s noch?! Die Blödbrummer drückten mir die rohen Eier ins Gesicht und in den Nacken. Ich wälzte mich und explodierte fast vor Wut und Hass. Es kam mir vor wie eine Ewigkeit, in der ich der Bande hilflos ausgeliefert war.

„Aufhören! Polizei!“, donnerte auf einmal eine dunkle Stimme. Und gleichzeitig wurden die fiesen Angreifer von mir gerissen. „Äääh“, stieß ich angewidert hervor, „die haben mich von oben bis unten beschmiert.“

„Der hat angefangen!“

„Ich hab doch gar nichts gemacht!“
So reagierten die Fieslinge.
„Gar nichts gemacht!“, dröhnte die kräftige Bassstimme wieder. „Na ja, das klären wir auf dem Revier.“
„Simon! Marvin!“
Meine Freunde hatten mich nicht im Stich gelassen. Im Gegenteil, sie hatten eine Polizeistreife angehalten, die mir zu Hilfe gekommen war.
„Willst du Anzeige erstatten?“, fragte ein Beamter. Und ob ich das wollte. Ich war sauer, so sauer wie nie. Süßes oder Saures, das Motto hatte mich dieses Jahr voll erwischt. Und so konnte ich den feigen Typen wenigstens ein Stück Saures zurückzahlen. Denn die hatten das wirklich verdient.

Fragen zur Geschichte

Versuche die folgenden Fragen zu beantworten. Wenn du die richtigen Antwortbuchstaben auf einem Blatt notierst, bekommst du das Lösungswort.

1. Wo gibt es laut Ben die besten Halloween-Kostüme?

P in Florida

T in Florenz

V in Flensburg

B in Flake

2. Welche Fehlentscheidung trifft Marvin, sodass die Jungen auf die blöden Typen treffen?

M Er will sich den Jugendlichen anschließen.

F Marvin provoziert andere Gruppen.

A Er schlägt vor, durch den Park zu gehen.

O Marvin überredet seine Freunde, auf eine Halloween-Party zu gehen.

3. Womit bewerfen die fiesen Angreifer Ben?

Q mit Butter

R mit Eiern

F mit Sahne

G mit Rasierschaum

4. Welche Bedeutung hat der Titel der Geschichte?

C Die Jungen sind wütend, weil sie wenig Süßigkeiten bekommen haben.

H Bens Großeltern sind wegen des Streichs sauer auf ihn.

I Der Polizist ärgert sich über die Kinder.

K Ben ist sauer wie nie, da ihn das Halloween-Motto dieses Mal voll erwischt hat. Er hat von den Blödtypen viel Saures bekommen und will es ihnen zurückzahlen.

Das Lösungswort findest du auf Seite 112.

Wortknobelei

Welche Wörter gibt es wirklich? Schau im Duden oder in einem Online-Wörterbuch nach, wenn du dir nicht sicher bist. Kombiniere die Buchstaben, die bei den richtigen Begriffen in Klammern stehen, und schon hast du das Lösungswort.

-bad (O) -topf (S) -kloß (V)

-stoff (M) **SAUER** -teig (K)

-rahm (A) -sau (C)

-braten (E)

Die Lösung findest du auf Seite 113.

Lösungshilfe:

Man kann sein Gesicht hinter ihr verstecken.

Kreatives Schreiben

Ben hat seinen Großeltern einen Streich gespielt und mit seiner Horrormaske sehr erschreckt. Das lassen die nicht auf sich sitzen und schlagen zurück. Versetze dich in Bens Lage und schreibe in der Ich-Form auf, was du erlebst.

Wenn du Lust dazu hast, dann sende deinen Text an das Autorenpaar Kalle und Nicki Herges,
E-Mail: hergeshamburg-stories@web.de
Du erhältst auf jeden Fall eine Antwort. Viel Spaß!

Wissenswertes über Halloween

Horrorkostüme, Kürbisfratzen, „Süßes oder Saures“ und noch viel mehr, all das gehört zu Halloween. Doch woher kommt Halloween? Was hat es zu bedeuten und was steckt dahinter? Ist alles nur ein verrückter Spaß oder ein Fest für Teufelsanbeter? Dazu möchte ich euch Antworten geben und weiteres Interessantes berichten.

Schon vor über 2 500 Jahren feierten die Kelten in der ersten Novemberwoche das Samhain-Fest, bei dem sie den Sommer und das alte Jahr verabschiedeten.

Sie glaubten, dass in der ersten Nacht des neuen Jahres Kontakt zu den Verstorbenen möglich sei. Aber wer sind eigentlich diese Kelten?

Die Kelten lebten zur Zeit der alten Römer hauptsächlich in weiten Teilen Europas.

Sie galten als besonders kriegerisch und trinkfest. So bedeutet das griechische Wort „keltoi“, von dem sich ihr Name ableitet, auch „die Tapferen“. Die Römer nannten sie „galli“, also Gallier. Diese Bezeichnung kennst du bestimmt aus den Asterix-Heften. Doch zurück zu ihrem gruseligen Fest. Die Kelten glaubten, dass die Seelen der Toten in dieser Nacht auf die Erde zurückkehren. Mit großen Feuern und schaurigen Verkleidungen versuchten sie, die bösen Geister zu vertreiben, mit kleinen Opfergaben vor dem Haus zu besänftigen. Der heutige Name geht auf das katholische Fest „Allerheiligen“ zurück, das am 1. November begangen wird. Im Englischen heißt der Vorabend dieses Feiertages nämlich All Hallows' Eve … daraus wurde Halloween. Irische Einwanderer brachten Halloween in die USA, wo es sich rasch verbreitete. Doch wie kam man eigentlich darauf, Kürbisse zu verwenden? Dazu gibt es eine spannende Sage aus Irland. Dort soll ein gewisser Jack Oldfield gelebt haben. Er war ein echter Halunke. Mit einer List schaffte er es sogar, den Teufel zu betrügen. Das rächte sich nach seinem Tod. In den Himmel konnte Jack O. nicht kommen – keine Chance. Doch die Hölle blieb ihm ebenfalls versperrt, da der Teufel ihm zu Lebzeiten versprochen hatte, seine Seele nie zu holen. Immerhin überließ er Jack eine glühende Kohle aus dem Höllenfeuer, die dieser in eine ausgehöhlte Rübe legte. Seitdem wandert Jack mit der nach ihm benannten „Jack O'Lantern" durch die Finsternis zwischen Himmel und Hölle. In den USA wurde aus der Rübe ein Kürbis, in den man Fratzen schneidet, durch die Kerzenlicht funkelt. Auf diese Weise sollen böse Geister ferngehalten werden.

Ein weiterer Brauch ist das sogenannte „Trick or Treat". Übersetzt bedeutet das „Streich oder Leckerei", bei uns besser bekannt als „Süßes oder Saures". Und genau das ist das Prinzip: Wenn man den wild Maskierten Süßigkeiten gibt, ist alles gut. Wenn nicht ... dann wird einem ein Streich gespielt. Zumeist handelt es sich dabei um harmlose Aktionen. Bäume werden zum Beispiel mit Toilettenpapier umwickelt und die Türklinke mit Rasierschaum eingesprüht. Doch wie in der Geschichte „Sauer wie nie" machen sich immer häufiger

auch Unarten breit. Schmierereien an Hauswänden, unsinnige Zerstörungen oder das Werfen von Eiern gehören dazu.

Das ist nicht süß und nicht lustig, sondern macht die Betroffenen zu Recht richtig sauer.
Viel lieber sind mir da die zwar abergläubischen, aber doch irgendwie süßen Liebesorakel. Mithilfe von Nüssen soll man unter anderem erkennen, ob einem die wahre Liebe kurz bevorsteht oder ob sie, wenn sie schon da ist, hält. Wie das? Ganz einfach! Singles werfen zu Halloween eine Nuss ins Feuer. Wenn sie hell aufleuchtet und brennt, dann steht dem Liebesglück innerhalb des kommenden Jahres nichts mehr im Wege. Bei Paaren wirft jeder Partner eine Nuss in die Flammen. Wenn beide Nüsse gut brennen, dann hält die Liebe. Bricht aber eine Nuss zum Beispiel auf, dann wird auch die Beziehung zu Bruch gehen. Man muss nur daran glauben ...
Eine lange Tradition hat auch der Brauch, in einem

gebackenen Kuchen einen Ring zu verstecken. Wer diesen entdeckt, dem sollen bald die Hochzeitsglocken läuten. Dass dabei sicherlich viel getrickst wurde und wird, kann man sich vorstellen. Wie auch immer man zu Halloween stehen mag, für die allermeisten, vor allem die Kinder, ist es ein großer Spaß. Nach Darmstadt kommen sogar jährlich über 20 000 Besucher, um sich beim Halloween-Spektakel auf der Burg Frankenstein zu gruseln oder andere dazu zu bringen.

Weihnachts-Wow

Weihnachten, was für ein Fest! Für mich das größte von allen. Klar, mein Geburtstag ist auch nicht das Schlechteste. Doch an Weihnachten wird die Stadt in ein Sternenmeer verwandelt und irgendwie – vielleicht bilde ich mir das aber auch nur ein – sind alle ein bisschen friedvoller, gechillter und kommen zu sich. Ist doch so, oder? Für mich ist das so, und das kann mir auch keiner ausreden.

„Philine!“
Ups! Was will meine Ma? Heute ist Heiligabend und ich habe mich taktisch clever aus der Schusslinie begeben – Tannenbaum schmücken ist Pas Job. Warum ruft sie dann mich?
„Jaaa?“
„Kannst du die Mucke auf halbe Lautstärke drehen?“
Klar, kann ich. Wenn’s mehr nicht ist.
„Jop, Christmas-Chefin, geht klar.“
„Danke ... und mach’s bitte wirklich.“

Ein Konter liegt mir auf der Zunge, doch ich schlucke ihn herunter. Stress am Weihnachtsabend? Nicht mit mir! Ma ist die ungekrönte Weihnachtskönigin, auch wenn sie gegen das Wort Chefin allergisch ist. Aber sie ist es, unbestritten. Und das ist gut so. Ma schenkt für ihr Leben gern und wann ist dazu die beste Gelegenheit? Genau! Und jetzt wisst ihr auch, wer mir meine Weihnachtsliebe vererbt hat. Gibt es etwas Schöneres, als jemand anderen mit etwas zu überraschen, mit dem er nie und nimmer gerechnet hat? Ja, das gibt es ... das gibt es für mich seit diesem Fest. Und wie es dazu kam, möchte, nein muss ich euch einfach erzählen!

„Last Christmas", der Klassiker, dudelte rauf und runter, für mich gehört das dazu. Noch die letzten Geschenke einpacken, danach Style-Check bei Ma und immer wieder „Last Christmas". Weihnachten stand nicht vor der Tür, es war schon drin.

„Abfahrt in zehn Minuten!", rief Pa.

„Läuft!", antwortete ich und gab mir alle Mühe, in seinem Zeitplan zu bleiben. Denn in diesem Punkt ist er echt unentspannt.

Und – Weihnachten ist voller Wunder – es ging tatsächlich nach einer Viertelstunde los. Die Kirche war bis auf den letzten Platz gefüllt, als wir uns

gesetzt hatten. Ein Posaunenchor spielte, die Orgel begleitete uns und ich machte mit, so gut ich konnte. So ganz war ich aber nicht bei der Sache. Immer wieder musste ich an Mas Geschenk denken. Passte das? So von der Größe und überhaupt? Vielleicht war es nicht fair gegenüber dem Pfarrer, der sich richtig Mühe gab, seine Botschaft an die Frau, den Mann und das Kind zu bringen, aber ich konnte einfach nicht anders: In Gedanken saß ich schon vorm Weihnachtsbaum und machte die Geschenkefee. „Macht hoch die Tür, die Tor macht weit“ kam für mich überraschend. Ich war so in meiner eigenen Welt, dass mich das Schlusslied zurückholen musste. Ab durch die Tür und dann nach Hause. Nun dauerte es nicht mehr lange und ich würde an Mas Gesicht ablesen können: Treffer,

Volltreffer oder netter Versuch, aber knapp vorbei. Ein, zwei Gänsekeulen später war es dann endlich so weit. Die Bescherung konnte losgehen. Ma und Pa waren echt aufgeregt, das war nicht zu übersehen. Und Pa verschwand immer mal wieder im Keller. Hatte das etwas zu bedeuten? Na klar, es war Weihnachten und die beiden trieben wohl die gleichen Gedanken um wie mich. Wie kommt mein Geschenk an? Passt es? Hätte ich zu diesem Zeitpunkt schon gewusst, was mich erwartete und was es mit dem Gerenne in den Keller auf sich hatte, glaubt mir, diese Zeilen wären nie geschrieben worden. Ich wäre vor Aufregung geplatzt! Doch dazu kam es nicht. Etwas nicht zu wissen und nicht zu ahnen, hat Vorteile … nicht immer, aber dieses Mal.
Ich machte also nichts ahnend die Geschenkefee, das ist seit Jahren mein Ding. Ich hole die Pakete, eins für Ma, eins für Pa und – natürlich – auch eins für mich. Um ehrlich zu sein, das allermeiste geht an mich, da hab ich keine Einwände. Ich hab's in der Hand, wer wann welches Paket bekommt, und ich sorge dafür, dass sich alles zu dem Höhepunkt steigert, den ich bestimme. Das war jedes Jahr so und ich war felsenfest der Ansicht, dass ich auch dieses Jahr alles fest im Griff hatte.

„Geil!“ Eine seltene Reaktion von Pa. Bei ihm hatte es gepasst.
„Phiiiliiiine!“ Ein lang gezogener Schrei von Ma. Das klang nach Volltreffer, kein Zweifel!
Doch was war mit mir? Ja, ich hatte die meisten Geschenke, richtig gute Geschenke, aber ... ein Super-Hammer-Knaller war nicht dabei. War ich undankbar? Erwartete ich zu viel? Die stylischen Klamotten, der Modeschmuck, das war doch was! Doch egal wie ich mir selbst zuredete, es funktionierte nicht. Ich war, das muss ich zugeben, ein bisschen enttäuscht. Nicht dass ich mir das anmerken ließ. Bei Leuten, die mich nicht kannten, wäre ich mit meiner aufgesetzten Fake-Freude durchgekommen. Doch Ma und Pa? Die kannten mich, die kannten mich wirklich.

„Alles klar, Lini?“
„Klaro, tolle Geschenke und ...“ Ich glaubte, Ma mit einem Wortschwall beruhigen zu können, und redete und redete. „Muss noch mal kurz runter“, warf Pa ein und weg war er. Ich ging mit Ma

meine Geschenke durch, probierte an und machte auf gute Laune.

Wo blieb Pa? Hatte er sich verlaufen? Da! Das musste er sein! Ich hörte schwere Schritte und – hörte ich richtig? – ein klägliches hohes Wimmern.

Pa?! Nein, ganz sicher nicht. Pa konnte so einiges, aber diese Laute, die passten nicht zu ihm.

„Und das Beste kommt zum Schluss!"

Ja, das war Pa, kein Zweifel. Er bog um die Ecke und schleppte ein großes Paket herein. Ma strahlte mich an und ich begriff ... endlich. Da kam er: mein Super-Hammer-Weihnachtsknaller! Eine Ahnung stieg in mir auf, die mein Herz schneller schlagen ließ. Ein Paket ... groß ... mit Löchern ... Luftlöchern. Ein Paket, das wimmerte, das zuckte, ein Paket mit Sprach- und Zuck-Funktion. Das war kein Paket, das war mehr ... viel mehr. Das war ein Traum ... mein Traum.

„Nun mach schon auf!", drängte Ma und Pa öffnete den Karton.

„Süüß!" oder „Oh mein Gott!" oder was auch immer ... Ich weiß beim besten Willen nicht mehr, was genau ich gesagt habe. Auf jeden Fall flossen die Tränen wie Freudenperlen und ich drückte einen kleinen japsenden Fellengel an mich.

„Ein Hund, oh mein Gott, ein Hund!"

Wie lange ich gestammelt, geherzt und geheult habe?
Keine Ahnung.
„Amanda, sie heißt Amanda, das bedeutet
‚die Liebenswerte‘ und …“
Pas weitere Erklärungen gingen komplett an mir vorbei. Das musste mir doch keiner sagen.
Das sah ich doch! Das spürte ich!
„Wau!“, piepste Amanda und dem war nichts mehr hinzuzufügen.

Fragen zur Geschichte

Versuche die folgenden Fragen zu beantworten. Wenn du die richtigen Antwortbuchstaben auf einem Blatt notierst, bekommst du das Lösungswort.

1. Wogegen ist Philines Ma allergisch?

O gegen Tannenbaumnadeln

B gegen die Bezeichnung Chefin

J gegen den Song „Last Christmas"

S gegen Geschenke zu Weihnachten

2. Welche Aufgabe hat Philine am Weihnachtsabend?

W Philine schmückt jedes Jahr mit Begeisterung den Tannenbaum.

E Ihre Aufgabe ist es, in der Kirche Blockflöte zu spielen.

K Sie hält eine Predigt.

A Philine macht die Geschenkefee.

3. Was wünscht sich Philine?

U ein Super-Hammer-Knaller-Geschenk

Z den Besuch eines Weihnachtskonzerts

X die meisten Geschenke

I eine kuschelige Katze

4. **Welche Bedeutung hat der Name Amanda?**

D der Fellengel

M die Liebenswerte

F der Wimmer-Welpe

G die Schöne

Das Lösungswort findest du auf Seite 114.

Wortknobelei

Welche Wörter gibt es wirklich? Schau im Duden oder in einem Online-Wörterbuch nach, wenn du dir nicht sicher bist. Kombiniere die Buchstaben, die bei den richtigen Begriffen in Klammern stehen, und schon hast du das Lösungswort.

-baum (C)

-chefin (P)

-königin (R)

-hammer (V)

-rose (I)

-nacht (W)

CHRIST

Anti- (A)

-mette (H)

-kindlesmarkt (N)

-demokrat (E)

-welpe (F)

-kind (H)

-stollen (T)

Die Lösung findest du auf Seite 115.

Lösungshilfe:

So nennt man das Fest der Geburt von Jesus Christus.

Kreatives Schreiben

Was erlebt Philine mit Amanda? Schreibe eine lustige, spannende oder traurige Geschichte dazu.

Wenn du Lust dazu hast, dann sende deinen Text an das Autorenpaar Kalle und Nicki Herges,
E-Mail: hergeshamburg-stories@web.de
Du erhältst auf jeden Fall eine Antwort. Viel Spaß!

Wissenswertes über Weihnachten

Für viele Menschen ist die Weihnachtszeit die schönste Zeit des Jahres. Weihnachten wird von Christen auf der ganzen Welt gefeiert. Ein paar Hintergründe dazu möchte ich dir im Folgenden erklären und auf bekannte Bräuche, aber auch auf abergläubische Traditionen im Zusammenhang mit diesem Fest eingehen.
Zu Weihnachten feiert man die Geburt Jesu Christi und somit, dass der Sohn Gottes Mensch geworden ist. Das Fest dauert in Deutschland und vielen anderen Ländern drei Tage, vom 24. bis zum 26. Dezember. Der 24. Dezember ist der sogenannte Heiligabend, auf den dann der erste und der zweite Weihnachtstag folgen. Am 25.12. und 26.12. wird nicht gearbeitet, da diese Tage gesetzliche Feiertage sind. Den Weihnachtstagen voraus geht die Adventszeit.

Das Wort Advent stammt aus dem Lateinischen und bedeutet Ankunft. Gemeint ist, dass Jesus Christus als Kind angekommen ist, um uns Menschen zu erlösen. Und gerade für die Kinder ist die Vorweihnachtszeit besonders aufregend. Die Straßen und Häuser werden mit Lichterketten geschmückt und die meisten Kinder haben Adventskalender. Vom 1. bis zum 24. Dezember gibt es hinter kleinen Türen oder in Säckchen jeden Tag eine kleine Überraschung, zumeist Schokolade oder Ähnliches, was ihnen das Warten auf das Fest des Jahres versüßen soll. Weitere Bräuche zur Weihnachtszeit sind das Krippenspiel (etwa seit dem 11. Jahrhundert), der Weihnachtsbaum (ab dem 16. Jahrhundert) und der Adventskranz (seit 1839). Höhepunkt für viele aber ist das gegenseitige Beschenken im Familienkreis. Nach dem Gottesdienst am Heiligabend findet meistens die Bescherung statt. Diese ist jedoch nicht nur Anlass zur Freude. Kritiker

weisen darauf hin, dass der eigentliche Sinn des Festes in den Hintergrund gerät und Weihnachten zu einem Geschäft verkommt. Tatsächlich machen die Kaufhäuser und der Versandhandel mit dem Weihnachtsgeschäft ihren größten Umsatz. Aus diesem Grund wird die Vorweihnachtszeit auch immer weiter nach vorne verlegt. Man muss sich nicht wundern, wenn man typisches Weihnachtsgebäck wie Spekulatius oder Lebkuchen schon Monate vor Dezember in den Regalen findet. In diesem Zusammenhang stellt sich auch die Frage, wer denn die Geschenke bringt ... das Christkind? Oder der Weihnachtsmann? Im Mittelalter brachte der heilige Nikolaus am Vorabend des 6. Dezember die Geschenke. Später wurde die Bescherung auf den 24. Dezember gelegt und das Christkind ins Spiel gebracht. Ab dem 19. Jahrhundert setzte sich der Nikolaus in seiner neuen Gestalt als Weihnachtsmann in manchen Gegenden wieder mehr durch. Durch holländische Auswanderer gelangte er in die USA und bekam den Namen Santa Claus. Sein heutiges Aussehen verdankt der Weihnachtsmann vor allem der Werbestrategie einer Getränkefirma.
Wer bringt bei euch die Geschenke?
In Norddeutschland hat der Weihnachtsmann

größtenteils das Christkind verdrängt. In vielen anderen Gegenden aber, vor allem in Süddeutschland, ist das Christkind die Nummer eins geblieben.
Für alle Deutschen, ob aus dem Norden, Süden, Osten oder Westen, gilt Weihnachten als Familienfest schlechthin. Jeder kommt bei Gans, Karpfen oder Kartoffelsalat mit Würstchen zum Mitfeiern, egal wie weit die Anreise ist. Die Bedeutung von Weihnachten zeigt sich auch an den vollen Kirchen während der Festtage und in Finnland und Estland auf eine ganz besondere Art und Weise. Hier wird ein „Weihnachtsfrieden" ausgerufen. Wer an Heiligabend dagegen verstößt, also eine Straftat begeht, kassiert eine doppelt so hohe Strafe wie sonst. Die Idee, an Heiligabend in einem Weihnachtskostüm eine Bank auszurauben, ist dort daher doppelt dumm.

Zum Abschluss möchte ich noch ein paar alte Bräuche anführen, die ich interessant finde. In den langen Winternächten um Weihnachten befürchteten frühere Generationen, dass böse Geister sie heimsuchen könnten. Deshalb fanden lärmende Umzüge statt, mit denen man diese vertreiben wollte. Arbeiten wie Haareschneiden, Wäschewaschen oder Schuheputzen unterließ man aus Aberglauben. Angeblich würden diese Tätigkeiten nur die Aufmerksamkeit finsterer Gestalten auf sich ziehen. Weihrauch und Weihwasser wurden zur Abschreckung verspritzt und um sicherzugehen, dass dem Vieh nichts passierte, blies die Bäuerin zum Beispiel einer Kuh ins Nasenloch und bekreuzigte sich dabei. Doch nicht nur negative, sondern auch positive Kräfte vermutete man verstärkt zur Weihnachtszeit. Die Häuser wurden mit Fichten- und Tannenzweigen geschmückt, da sie als Sinnbild für ein gutes Leben standen. Nach dem Festschmaus ließ man einen Rest des Essens und eine Münze auf dem Tisch liegen. So hoffte man, im nächsten Jahr immer genügend Geld und Essen zu haben. In der Christnacht – das ist eine andere Bezeichnung für den Heiligabend – sollte es möglich sein, unsichtbar und unverwundbar zu werden. Allerdings musste man aufpassen, dass man um Mitternacht keine

sprechenden Tiere hörte. Passierte es doch, war man dem Tode geweiht. Wer von blauen Zwetschgen träumte, musste ebenfalls um sein Leben fürchten. Doch zurück zu den eher positiven Vorstellungen. Manche waren überzeugt davon, das Wetter mithilfe von Nussschalen oder aufgeschnittenen Zwiebeln voraussagen zu können. Am gespanntesten war man aber auf die Liebesorakel. Mädchen kehrten an Heiligabend das Haus, setzten sich auf den Schmutz und warteten bis zum ersten Hahnenschrei. Aus der Richtung des Schreis sollte alsbald der Bräutigam kommen. Im Fichtelgebirge und in Franken bildeten unverheiratete Frauen einen Kreis um einen Gänserich. Derjenigen, die zuerst von dem gereizten Tier gezupft wurde, stand im nächsten Jahr ihre Hochzeit bevor.
Du hast gesehen, Weihnachten ist ein unglaublich interessantes Thema. Ich hoffe, dass du es immer im besten Sinne als Familienfest feiern kannst.

Maxi und Minni

Es war einmal ein Zwillingspaar, Maxi und Minni. Prinzessinnen, aber so unterschiedlich, wie man nur sein kann. Maxi hatte die Welt mit einem lauten Schrei begrüßt, Minni kam nahezu geräuschlos auf die Welt. Maxi verschlang einen Löffel Brei nach dem anderen und forderte lauthals mehr. Minni wartete und schaute den Vögeln hinterher, die auf dem großen Schlossbalkon herumhüpften. Maxi war die Erstgeborene ... und immer die Erste. Das war so, sie bemerkte es nicht einmal. Minni kannte es nicht anders und es wurde mit den Jahren immer selbstverständlicher, so selbstverständlich, dass niemand das infrage stellte. Maxi ging vor Minni ... bei allem und in allem. Und Minni machte das überhaupt nichts aus. Das wiederum war nicht selbstverständlich. Und so ging es, bis sie strahlende Prinzessinnen waren. Maxi strahlte nach außen, Minni nach innen. Maxi führte das Wort, das tat sie immer. Minni hielt sich zurück. Aber wenn sie sich zu Wort meldete, dann sprach sie leise, doch mit einem bestimmten Unterton, der keinen Widerspruch duldete.

„Komm schon, Kleine!“, rief Maxi. „Der Schlosspark wartet.“
Sie hatte das Recht, ihre Schwester so zu nennen, denn Minni war die Jüngere und reichte auch an Körpergröße nicht an Maxi heran.
„Mach mal langsam, Maxi“, entgegnete diese, „du läufst ja an allen schönen Dingen vorbei.“
Mit einem „Papperlapapp, Frau Doktor Besserwisser“ rannte Maxi voran. Sie konnte es nicht erwarten weiterzukommen, weiter, immer weiter – wohin, wusste sie selbst nicht so genau.
„Maxi!“, rief Minni ihr noch einmal nach ... vergebens. Minni schmunzelte, sie war die Einzige, die ihre Schwester so ansprechen durfte. Für alle anderen war sie: „Eure Durchlaucht Maximiliane Kunigunde von Mehrreich“ oder kurz: Prinzessin Maximiliane. Das war echt zum Schmunzeln, denn Maxi erinnerte Minni mehr an ein Wildpferd als an eine Etepetete-Prinzessin.
So raste also das Wildpferd-Mädchen den Hummeln hinterher und scheuchte Schmetterlinge auf. Wild und wilder tobte Maxi durch den Garten. Ein besonders schöner Schmetterling wollte sich vor ihr in Sicherheit bringen und geriet in das Netz einer besonders fetten Spinne. Maxi sah das natürlich nicht, doch Minni war

ja hinter ihr. Sie nahm das hilflos zappelnde Wesen sofort wahr.

„Maxi!“, rief sie wieder und dieses Mal hatte sie Erfolg.
„Ja? Was gibt’s, meine kleine Minni?“
Minni ging auf die übliche Neckerei nicht ein.
„Siehst du den armen Schmetterling dort im Spinnennetz?“
„Oh ja, zu schade.“
„Maxi, du willst doch nicht wirklich ...“ – bei diesen Worten flammten Minnis Augen auf – „... das arme Ding seinem Schicksal überlassen. Nimm es heraus! Befrei es!“
Und Maxi, die nie tat, was andere sagten, genau diese Maxi zerstörte das mörderische Netz. Die schillernde Schönheit schlug mit den Flügeln und es schien, als würde mit jedem Flügelschlag Sternenstaub vom Himmel regnen.
„Danke, herzlichen Dank“, sprach das zauberhafte Wesen und jetzt begriffen sie es, jetzt sahen sie es: Das war kein Schmetterling, nicht nur ein

Schmetterling – eine wunderschöne Frau hatte sich vor ihnen entpuppt.

„Da ihr mich gerettet habt, hat jede von euch einen Wunsch frei."

Maxi war begeistert. Doch sie wusste nicht, was sie sich zuerst und was sie sich zuletzt wünschen sollte. Es war ja nur ein Wunsch frei ... ein Wunsch! Minni genoss das angenehm warme Licht, das von der schillernden Schönen ausging. Sie liebte Märchen und jetzt – sie konnte es einfach nicht glauben – befand sie sich mittendrin in einem. Das war alles, was sie sich immer gewünscht hatte. Sie war glücklich, einfach nur glücklich ... wunschlos glücklich.

„Schön will ich sein, so richtig schön. Ach, was sag ich", platzte es aus Maxi heraus, „ich will die Schönste der Schönen sein."

„Wird gemacht", sagte die Fee und ein Schleier aus Sternenstaub legte sich über Maxi. „Und du?"

Minni fühlte sich zuerst gar nicht angesprochen.
„Was wünschst du dir?“
„Liebe Fee, ich hab doch alles. Was soll ich mir denn …“
„Reich sein will ich, so richtig reich“, unterbrach Maxi, bei der der Schönheitszauber zu wirken begann, ihre Schwester, „immer einen Taler reicher als unser Vater, der König.“
„Geht das?“, fragte Minni die Fee.
„Was meinst du?“, gab diese zurück.
„Geht das, dass meine Schwester an meiner Stelle einen Wunsch erfüllt bekommt?“
„Wird gemacht“, sagte die Fee wieder und bei diesen Worten verdichtete sich der Sternenstaub zu einem Riesenschmetterling, der mit gewaltigen Flügelschlägen aufstieg zu den Wolken.
„Ist das ein Traum?“, fragte sich Minni, doch der Anblick ihrer Schwester gab die Antwort. Maxi war schön, zauberhaft schön … die Schönste der Schönen. Und so war und blieb es von diesem Tag an. Jeder musste die Veränderung sehen, jeder sich fragen, was passiert war. Aber keiner wagte es, sie anzusprechen, und eine Prinzessin Maximiliane musste sich niemandem erklären, nur ihren Eltern. Und diesen erzählten die Mädchen dann auch die wundersame

Geschichte ... nur nicht ganz. Den zweiten Wunsch verheimlichten sie lieber. König Max hätte es nicht verwunden zu wissen, dass jemand reicher war als er selbst. Auch wenn es sich nur um einen Taler und um seine eigene Tochter handelte.
Jahre gingen ins Land und die Erinnerung an die unglaubliche Verwandlung der Prinzessin Maxi verblasste. Sie war schon immer die Schönste gewesen, war die einhellige Meinung, und Maxi selbst teilte diese Ansicht nur zu gerne. Sie war schön, sie war reich, nein, sie war mehr: Maxi war die schönste und reichste junge Frau des ganzen Königreichs. In ihrem tiefsten Inneren fühlte sie aber, dass etwas fehlte, wirklich fehlte.

Immer stärker wurde dieses Gefühl. Besorgt sahen Minni und ihre Eltern, wie Maxis Fröhlichkeit und ihre Lebenslust verschwanden. Das ging so weit, dass berühmte Weise aus aller Herren Länder an den Hof geholt wurden, um Abhilfe zu schaffen. Was diese aber auch taten, wie sie es taten ... der Erfolg blieb gleich null. Minni trauerte den alten Zeiten nach. Wie sehr wünschte sie sich das Wildpferd zurück, das den

Schlosspark in eine verrückte Spielwiese verwandelt hatte. Was war aus ihrer Schwester geworden? Ein Netz aus Traurigkeit hatte sich über sie gelegt, ein Netz, aus dem es kein Entkommen gab. Und doch! In Minni flackerte die Erinnerung an die schicksalhafte Begegnung mit der Fee auf. Es war ihr, als ob Sternenstaub in der Luft schwebte. Er wurde dichter und dichter, je mehr sie sich zurückerinnerte. Und – Minni blieb fast das Herz stehen – ein Schmetterling, ein wunderschöner Schmetterling flog auf sie zu und nahm auf ihrem Kopfkissen Platz.

„Erschrick nicht, du kennst mich doch“, flüsterte die Fee.

„Aber ich bin doch gar nicht erschrocken“, sprach Minni. „Ich freue mich wahnsinnig, dich wiederzusehen.“

„Ich komme nicht ohne Grund“, erklärte die Fee. „Ich komme ... um deiner Schwester eine neue Chance zu geben. Mein Zauber war ein Fluch für sie. Sie wollte mehr, noch mehr und immer alles. Doch nie war sie zufrieden.“

„Und du kannst ihr helfen, du kannst sie wieder fröhlich machen?“

„Nein, das kann nur sie selbst.“

„Aber, liebe Fee, was muss sie tun?“

„Sie muss einsehen, dass es Schöneres gibt als Schönheit und dass man reicher sein kann, wenn man nicht reich ist.“

„Aber, liebe Fee, wie soll sie das erkennen?“

„Dazu brauche ich dich.“

„Mich?“

„Richtig, dich! Du musst Maxi und eure Eltern davon überzeugen, dass sie heiraten sollte.“

„Heiraten? Hmmh!“

„Ja, heiraten und dann ... dann werden wir sehen. Und ... die Chance ist vertan, wenn du auch nur ein Sterbenswörtchen verrätst.“

„Aber was denkst du? Ich würde nie ...“

„Ich weiß“, entgegnete die Fee, „aber sicher ist sicher.“ Und damit erhob sich der Schmetterling, wurde zu einer Sternenstaubwolke und verschwand. Minni verstand nicht, was die Fee vorhatte, aber sie tat wie befohlen. Maxi willigte ein, ihr war alles recht und noch viel schlimmer: Eigentlich war ihr alles egal.

Nicht lange und Prinzen, schön und reich und noch schöner und reicher, hielten um Maxis Hand an. Aber so schön und so reich sie auch waren, keiner konnte ihr Herz gewinnen, keiner ihr auch nur ein Lächeln abringen. Es kam, wie es kommen musste. Immer weniger Prinzen stellten sich vor und schließlich blieben sie ganz aus. Ein armer Spielmann war der einzige Fremde, der den Hof nicht verließ. Er wusste nicht wohin, niemand wartete auf ihn. So spielte er weiter auf und tat somit das, was ihn und seine Mitmenschen erfreute. Lohn erwartete er nicht, er war schon froh, wenn er einen Schlafplatz und etwas zu essen hatte. Felix, so hieß der arme Spielmann, klagte nicht. Er war zufrieden, einfach so. Felix brauchte nicht viel. Schien die Sonne, so war er bester Laune, pfiff ein Liedchen und freute sich daran, für andere Musik zu machen. Und regnete es, so war Felix ebenfalls bester Dinge und spielte seine Lieder. Bald war „der glückliche Felix", wie er genannt wurde, so bekannt, dass auch die Königsfamilie von ihm sprach.

„Ein außergewöhnlicher Mensch, dieser Felix", urteilte Minni. „Seine Musik macht mich ganz glücklich."

„Recht hast du“, entgegnete Maxi. „Wenn ich nur so sein könnte wie er. Alles würde ich dafür geben.“
Kaum hatte sie das ausgesprochen, landete ein wunderschöner Schmetterling auf ihr, ganz nah am Herzen.
Maxi war es, als würden in diesem Moment Ketten aus Eisen um ihre Brust zerbrechen.
„Ist das wirklich wahr?“, fragte die Schmetterlingsfee nach. „Würdest du auf deine Schönheit und deinen Reichtum verzichten? Wirklich?“
„Du bist das!“, entfuhr es Maxi.
„Du bist zurück!“, kam von Minni.
„Also ...?“, bohrte die Fee.
„Ja! Ja! Natürlich! Ich war so töricht, so dumm.“
Das war der Beginn eines langen Gesprächs, an dessen Ende die Fee restlos überzeugt war. Maxi verschenkte ihren Reichtum, auch Felix bekam einen Teil. Ihre Schönheit durfte sie behalten. Und trotzdem war sie Minni ähnlicher als je zuvor. Denn sie war zufrieden, zufrieden mit sich, das erste Mal in ihrem Leben. Und wenn sie einen Wunsch frei gehabt hätte, dann nur einen:
So sollte es bleiben.

Fragen zur Geschichte

Versuche die folgenden Fragen zu beantworten. Wenn du die richtigen Antwortbuchstaben auf einem Blatt notierst, bekommst du das Lösungswort.

1. Wie tobt Maxi durch den Schlosspark?

N wie ein Schmetterling

O wie ein Wildschwein

K wie eine Fee

M wie ein Wildpferd

2. Was wünscht sich Maxi bei ihrer ersten Begegnung von der Fee?

A Schönheit und Reichtum

R Zufriedenheit

B ein Mega-Luxus-Schloss

H einen Modelvertrag

3. Weswegen bewundern die Prinzessinnen Felix?

U wegen seiner schönen Stimme

X wegen seiner Einstellung, mit dem zufrieden zu sein, was er hat

S wegen seiner musikalischen Erfolge

G wegen seines Talents, gute Songs zu schreiben

4. **Warum sind sich Maxi und Minni zum Schluss der Geschichte so ähnlich wie nie?**

E Die Prinzessinnen haben jetzt den gleichen Schönheitschirurgen.

W Minni gibt ihre Zurückhaltung auf und ist nun genauso wild wie Maxi.

I Maxi hat endlich zu einer inneren Zufriedenheit gefunden, so wie Minni sie schon immer hat.

V Minni wird von der Fee der Wunsch erfüllt, so auszusehen wie ihre Schwester.

Das Lösungswort findest du auf Seite 116.

Wortknobelei

Welche Wörter gibt es wirklich? Schau im Duden oder in einem Online-Wörterbuch nach, wenn du dir nicht sicher bist. Kombiniere die Buchstaben, die bei den richtigen Begriffen in Klammern stehen, und schon hast du das Lösungswort.

Zahn- (I)

Glücks- (I)

-gefeuer (A)

-griff (N)

FEE

-tee (B)

Küchen- (N)

Wetter- (N)

Märchen- (M)

Die Lösung findest du auf Seite 117.

Lösungshilfe:

Nur mit ihr ist Maxi komplett. Und nur sie darf Maxi etwas befehlen.

Kreatives Schreiben

Was wäre wohl passiert, wenn die Fee Maxi keine zweite Chance gegeben hätte? Erzähle die Geschichte unter dieser Voraussetzung zu Ende.

Wenn du Lust dazu hast, dann sende deinen Text an das Autorenpaar Kalle und Nicki Herges,
E-Mail: hergeshamburg-stories@web.de
Du erhältst auf jeden Fall eine Antwort. Viel Spaß!

Wissenswertes über Märchen

Bestimmt hast du bemerkt, dass die Geschichte „Maxi und Minni“ ein Märchen ist. Doch woran erkennt man eigentlich ein Märchen? Was macht es aus? Auf diese Fragen möchte ich dir Antworten geben und Interessantes rund um das Thema „Märchen“ berichten.

Wahrscheinlich hast du schon einmal die Aufforderung „Erzähl keine Märchen“ gehört. Gemeint ist damit: „Bleib bei der Wahrheit!“ Sind Märchen also gelogen? Nein, das sind sie nicht. Sie haben einen wahren Kern, erzählen aber von wundersamen

Begebenheiten, die es in Wirklichkeit nicht gibt. Fantastische Helden wie Tiere, die denken und sprechen können, Riesen, Zwerge, Hexen, Zauberer, Feen, Drachen und Einhörner treten auf. Die begegnen uns normalerweise nicht. Grundsätzlich gibt es aber eine weibliche oder männliche Hauptfigur, häufig Prinzen und Prinzessinnen und deren Gegner. Arm und Reich, Gut und Böse treten gegeneinander an – das kommt uns schon bekannter vor – und zuletzt siegt meistens das Gute. So soll es sein, trifft aber im echten Leben nicht immer zu. Auch schwache kleine Kinder wie im Märchen „Die Sterntaler" können Helden sein und für ihre guten Taten belohnt werden. Die Bösen entgehen ihrer gerechten Strafe nicht. So sollen Kinder (und Erwachsene) belehrt und ermutigt werden, den rechten Weg einzuschlagen. Es ist also gar nicht so schwer, Märchen zu erkennen. Dabei helfen auch bestimmte Einleitungs- und Schlussformeln wie „Es war einmal ..." oder „Und wenn sie nicht gestorben sind, dann leben sie noch heute." Bei einigen Märchen verraten schon die Namen der Autoren, dass es sich um diese Textart handelt. In Deutschland steht vor allem der Name Grimm für Märchen. Die Gebrüder Grimm haben 1812 eine Märchensammlung herausgegeben, die noch

heute die Menschen fasziniert, ob als Text, Fernsehserie oder Disney-Film. Die Märchen des Dänen Hans Christian Andersen oder die „Märchen aus 1001 Nacht“ aus dem Orient sind ebenso bekannt und beliebt. Die Schwedin Selma Lagerlöf erhielt 1909 für ihr Werk „Die wunderbare Reise des kleinen Nils Holgersson mit den Wildgänsen“ sogar die höchste Auszeichnung für Schriftstellerinnen und Schriftsteller: Der Märchenroman brachte ihr den Nobelpreis für Literatur. Neuere Fantasy- und Science-Fiction-Romane wie „Star Wars“ oder „Harry Potter“ haben ähnliche Inhalte wie Märchen – auch hier geht es um das Aufeinandertreffen von Gut und Böse. Sie sind wie ihre Vorgänger sehr erfolgreich. Das gilt auch für Märchenparodien. Das sind lustige Umformungen alter Märchen wie „Shrek“ oder „7 Zwerge – Männer allein im Wald“.
Märchen und ihre Nachfolger sind also sehr beliebt. Ganz vorne in der Gunst der Leserinnen und Leser stehen dabei solche, in denen – wie in der Geschichte „Maxi und Minni“ – Prinzessinnen die Hauptrolle spielen. „Aschenputtel“, „Schneewittchen“ und „Dornröschen“ belegen laut vieler Umfragen die ersten Plätze. Alle Hauptfiguren sind natürlich wunderschön und besonders tugendhaft und

verdienen sich ihr Happy End. Der Märchenspruch „Spieglein, Spieglein an der Wand, wer ist die Schönste im ganzen Land?“ aus „Schneewittchen“ ist für die sogenannten Prinzessinnenmärchen einfach zu beantworten – selbstverständlich ist die Prinzessin die Allerschönste. Aber nicht nur das. Als „Prinzessin auf der Erbse“ spürt sie durch 20 Matratzen hindurch die kleine Erbse und in „Der Froschkönig“ erlöst sie den verzauberten Frosch. Obwohl ihre Methode – sie wirft den Frosch an die Wand – nicht gerade prinzessinnenhaft ist, gibt es das märchentypische Happy End. Und du musst keinen Frosch küssen und brauchst auch kein „Sesam, öffne dich!“ wie Ali Baba,

um an die Schätze der vierzig Räuber im Inneren eines Berges heranzukommen.
Lies ein Märchenbuch und du wirst reich belohnt.

Eine Gespenstergeschichte

Habt ihr starke Nerven? Ja?! Und glaubt ihr an Gespenster? Nein! Genauso hätte ich auch reagiert, wenn nicht ... ja, wenn ich nicht ein leibhaftiges kennengelernt hätte.
Geister sind weiße, verschwommene oder ganz durchsichtige Gestalten ... das hatte ich geglaubt. Doch heute weiß ich es besser. Richtig, es gibt weiße Nebelgespenster. Das sind die, die Spaß daran haben, sich zu zeigen und Menschen zu erschrecken. Und es gibt dunkle Schattenwesen – Geister, die lieber im Verborgenen bleiben. Das Dunkel der Nacht ist ihr Zuhause. Sie sind scheu, zeigen sich nie. Und wahrscheinlich bin ich der Einzige, der ein schwarzes Nachtgespenst nicht nur gesehen, sondern auch gesprochen hat. Wie das kam, erzähle ich euch gern.
Ich bin Anton und es gibt zwei Dinge, die ich über alles liebe: ein Lakritz und noch ein Lakritz. Abends, wenn ich nicht richtig schlafen kann oder schlecht geträumt habe, schleiche ich mich ab und zu zum Naschiversteck – zu meinem.

Denn es gibt zwei Verstecke: meins und das von meinem Pa. Ich weiß von seinem Naschiversteck und er weiß auch, dass ich es weiß. Was Pa aber nicht weiß, ist, dass ich mir ein eigenes angelegt habe. Und er wird wohl auch nie darauf kommen. Ich bin mir da sicher, weil er einfach keinen richtigen Überblick hat. Wenn wir fürs Wochenende einkaufen, dann kriegt er alle drei bis vier Wochen seine fünf wilden Naschiminuten. Was das ist? Das ist das Naschischaufeln zum Ende des Einkaufs. Pa schaufelt zuerst Chips und Flips, danach Tüten mit Gummibärchen und am allermeisten Lakritz in den Einkaufswagen. Den Vorrat braucht er für Treffen mit Freunden und für Fernsehabende mit mir. Mein Pa und ich sind die größten Lakritzvernichtungsmaschinen, die ich kenne. Wenn ich also von diesem Lakritzbeutezug etwas für meine Nacht-Nascherei abzweige, dann kriegt er davon nichts mit. Er hat auch nichts dagegen, dass ich ohne ihn Lakritz verputze. Aber nachts und ohne danach noch einmal Zähne zu putzen, das geht gar nicht.
So schlich ich mich also eines Nachts zu meinem Geheimversteck, streckte meine Hand zur Naschischüssel aus und ... erstarrte. Da war eine Hand, eine kalte, eiskalte Hand, die gleichzeitig mit

mir zugegriffen hatte.
„Aaah!“, schrie der Lakritzdieb auf und zuckte zurück. War das mein Vater? Nein, das konnte nicht sein. Ein kühler Luftzug zog an mir vorbei.
„Halt! Wer bist du?“
„Hihi! Hihi!“, kicherte jemand.
Ich verstand nichts, rein gar nichts. Doch bevor mein Verstand noch weiter aussetzte und meine Angst sich in Panik verwandelte, sagte eine beruhigende Stimme:
„Keine Angst, ich bin Blacky.“
Wie? Was? Wer sprach da nur?
„Ich esse genauso gern Lakritz wie du ... ich liebe es.“
Aha, aber: Wo bist du?, schoss es mir durch den Kopf.
Blacky konnte wohl Gedanken lesen.
„Die meisten Menschen können mich nicht sehen.
Ich bin ein schwarzes Nachtgespenst, ich bin dunkelschwarz wie Lakritz.“
„Aber ...“, stammelte ich. Bevor ich mehr herausfinden konnte, hielt Blacky mir eine Lakritzschnecke hin.

„Anton, du heißt doch Anton?“
„Jaaaa ...“, antwortete ich und steckte mir die Schnecke in den Mund.
„Anton, du bist der erste und einzige Mensch, der mich sehen kann. Nur einem Lakritz-Kid wie dir zeige ich mich.“
„Laaakritz-Kid?“
„Ja, und heute ist Halbmond, halb zwei nachts, alles passt also ... Willst du ...?“
„Kla-kla-klar“, stotterte ich. Und es stimmte sogar, meine Neugier war größer als meine Angst. Ich spürte, wie sich der Luftzug von mir entfernte und zum Fenster hinzog. Tatsächlich ... im Licht des Halbmondes nahm Blacky Gestalt an. Er war etwa so groß wie ich, zwei weiße Zahnreihen blitzten in seinem Gesicht. Und ich konnte es mehr und mehr erahnen und endlich sehen: Blacky war wie ein Riesenlakritz. Er streckte mir die Hand entgegen. Ich drückte sie. Und obwohl sie kalt war, wurde mir irgendwie warm ums Herz.
In dieser Nacht wurden wir Freunde und trafen uns immer bei Halbmond um halb zwei in der Nacht. Unsere Freundschaft wuchs und wuchs, nur der Lakritzberg schrumpfte. Und mein Vater ... ich glaube, er weiß, dass etwas nicht stimmt. Aber was, das wird

er wohl nie herausbekommen, denn das bleibt das
Geheimnis von Blacky und mir.
Und ihr haltet doch auch dicht ... oder?

Fragen zur Geschichte

Versuche die folgenden Fragen zu beantworten. Wenn du die richtigen Antwortbuchstaben auf einem Blatt notierst, bekommst du das Lösungswort.

1. Wer sind große Lakritzvernichtungsmaschinen?

H Anton und sein Vater

O Nebelgespenster

F Erwachsene

E Lakritzschnecken

2. Welche Beutezüge machen Anton und sein Pa am Wochenende?

A Die beiden shoppen mit Begeisterung zu Schnäppchenpreisen.

Z Sie erbeuten die Herzen ihrer Mitmenschen.

I Lakritzbeutezüge

T Sie kapern Handelsschiffe.

3. Wer ist Blacky?

V Antons kleiner schwarzer Pudel

P ein Freund von Antons Vater

N ein Hip-Hop-Star

H ein schwarzes Nachtgespenst

4. Warum kann nur Anton Blacky sehen?

M Er hat ein Nachtgespenstsichtgerät.

I Blacky zeigt sich nur einem Lakritz-Kid.

W Anton kennt den passenden Zauberspruch dazu.

X Er ist der einzige Mensch, der nachts wach ist.

Das Lösungswort findest du auf Seite 118.

Wortknobelei

Welche Wörter gibt es wirklich? Schau im Duden oder in einem Online-Wörterbuch nach, wenn du dir nicht sicher bist. Kombiniere die Buchstaben, die bei den richtigen Begriffen in Klammern stehen, und schon hast du das Lösungswort.

Meister- (W)

Bäcker- (T)

-lehrer (A)

Lebens- (D)

GEISTER

-fahrer (O)

-beschwörer (N)

-kleister (F)

Quäl- (M)

Die Lösung findest du auf Seite 119.

Lösungshilfe:

Er spendet Licht in der Nacht.

Kreatives Schreiben

Eines Nachts um halb zwei Uhr bei Halbmond: Antons Vater überrascht seinen Sohn mit Blacky. Was passiert? Schreibe es in der Ich-Form aus Antons Sicht auf.

Wenn du Lust dazu hast, dann sende deinen Text an das Autorenpaar Kalle und Nicki Herges,
E-Mail: hergeshamburg-stories@web.de
Du erhältst auf jeden Fall eine Antwort. Viel Spaß!

Wissenswertes über Gespenster

Jedem von uns ist sicherlich schon einmal etwas unheimlich vorgekommen. Man hat irgendetwas gesehen oder gehört, was man nicht einordnen konnte. Angst in der Nacht zu haben, besonders wenn man sich auch noch in einem dunklen Wald oder gar auf einem Friedhof befindet, ist völlig normal. Wir gruseln uns dann, denken an Geister, an Gespenster und trauen unseren Augen und Ohren nicht mehr richtig. War da nicht ein Schatten? Und dort ... schlurfende Schritte. Was davon wirklich ist und was wir uns wohl nur eingebildet haben, ist im Nachhinein schwer zu entscheiden. In aller Regel gibt es aber eine sinnvolle Erklärung. Und wenn nicht? Genau das ist der springende Punkt. Aufgrund dieser Unsicherheit haben Gespenstergeschichten und entsprechende Filme viele Fans. Wir können uns eben nicht alles erklären. So könnte es doch sein, dass ...

Ich möchte dir im Folgenden etwas

mehr über das Thema „Gespenster“ verraten und ganz zum Schluss echte Gespenster vorstellen.
Fragt man jemanden aus der Verwandtschaft oder dem Freundeskreis nach Gespenstern, dann wird der Glaube daran zumeist verneint. Doch es gibt Untersuchungen und Umfragen von anerkannten Instituten, die zeigen, dass viele es zwar nicht öffentlich zugeben, aber insgeheim doch Spuk, Geister und Gespenster für möglich halten.
In Deutschland hat zum Beispiel das bekannte Allensbacher Institut im Jahre 2001 herausgefunden, dass jeder zehnte Erwachsene davon überzeugt ist, dass es Geister und Gespenster gibt. Da müsste rein rechnerisch gesehen auch einer oder eine aus deiner Verwandtschaft dazugehören. Doch was ist das eigentlich, ein Gespenst? Unter einem Gespenst versteht man ein spukendes Geistwesen, das uns in einer menschenähnlichen, aber nebelhaften und durchsichtigen Form erscheint. Es hat übernatürliche Kräfte, kann zum Beispiel durch Wände gehen, erscheint überraschend und löst sich auch genauso plötzlich wieder in Luft auf. In vielen Kulturen nimmt man an, dass Gespenster die Geister von Verstorbenen sind. Man glaubt, dass sie wegen eines begangenen Unrechts oder einer Sache,

die sie noch abschließen müssen, keine Ruhe finden. Einen wissenschaftlichen Beweis für ihr Vorhandensein gibt es aber nicht. Die meisten Wissenschaftler beurteilen den Gespensterglauben als Einbildung, Sinnestäuschung oder schlicht als Aberglauben. Und manchmal handelt es sich bei einem Gespenst oder Geist einfach nur um Betrug. Der angebliche Geist „Chopper“ schaffte es 1982 sogar bis in die Nachrichtensendungen. Er „spukte“ monatelang in einer Regensburger Zahnarztpraxis. Kamerateams nahmen eine Stimme aus einem Waschbecken auf, die „Chopper“ gehören sollte. Der Spuk endete, als Folgendes herauskam: Der Zahnarzt, seine Frau und die Helferin hatten alle hereingelegt. Sie waren „Chopper“, hatten also alles trickreich eingefädelt. Hier war der Fall damit klar. In anderen Fällen wird es aber wohl nie eine Erklärung für seltsame Erscheinungen geben. Ich stelle euch einige Beispiele aus Deutschland vor:

Im Ebersberger Forst bei München soll eine „weiße Frau“ spuken. Der Legende nach ist sie in der Nähe einer kleinen Kapelle überfahren worden. Der Unfallverursacher soll geflohen sein, ohne sich um die Schwerverletzte zu kümmern. Aus diesem Grund spukt angeblich ihr Geist entlang der Straße und sucht noch heute nach dem Fahrer von damals. Wenn man an ihr vorbeifährt, ohne anzuhalten, soll sie plötzlich auf der Rückbank sitzen und ins Lenkrad greifen. Während diese „weiße Frau“ eher auf eine Art Rache aus sein soll, wird vielen anderen „weißen Frauen“ eine warnende und schützende Rolle zugeschrieben. Man glaubt, dass sie auftauchen, um vor Unfällen oder Verbrechen zu warnen.
Rachegeister und Wiedergänger führen Schlimmeres im Schilde. Sie versuchen angeblich, Lebende ins Totenreich herüberzuholen. Da sind Polter- und Klopfgeister harmloser. Sie klopfen nachts, lassen Dinge verschwinden oder erscheinen und schaffen es, dass sich

Gegenstände von alleine bewegen. Da hält sich die Gefahr in Grenzen, doch die Angst wird grenzenlos sein ... wenn man daran glaubt. An einen Spuk glauben auf jeden Fall viele, die den Brieselanger Forst bei Berlin aufsuchen. Dort soll ein unheimliches Licht zu beobachten sein, für das der Legende nach der Geist eines ermordeten Mädchens verantwortlich ist. Die Anlage der ehemaligen Heilstätten von Beelitz ist ebenfalls ein bekannter Spukort in Deutschland. In den zum Teil verfallenen Gebäuden sollen sich Türen von selbst öffnen und Schreie zu hören sein. Einige wollen auch Stimmen der dort umgebrachten Opfer des als „rosa Riese" bekannten Serienmörders Wolfgang S. gehört haben. Jetzt noch einmal zurück nach Bayern, bevor ich, wie zu Beginn versprochen, von echten Gespenstern berichte. In Weinheim liegt die „Pestkapelle", natürlich einsam im dunklen Wald, wie es sich für einen unheimlichen Ort gehört. Hier sollen Opfer der Pest begraben worden sein und nachts Angst und Schrecken verbreiten. Ein Hund mit knallroten Augen soll sie begleiten.
Und jetzt – endlich – zu den Gespenstern, die es ohne Frage wirklich gibt. Es handelt sich um Gespensterfische, die in der Tiefsee in einer Dunkelzone zwischen 400 und 2 500 Metern leben.

Die wenigsten von uns werden sie daher je zu Gesicht bekommen. Wie Gespenster sind diese Fische für uns, selbst wenn wir uns in ihren Lebensraum begeben, kaum wahrnehmbar. Sie haben einen durchsichtigen Kopf ... wahrlich gespenstisch. Einige Arten sind dazu auch noch mit Leuchtorganen ausgestattet, die sie in ein schummeriges Licht tauchen. So sind die Gespensterfische unsichtbar für ihre Beute und ihre Feinde ... gespenstischer geht es wohl nicht mehr.

Lösungen

„Tiger“ (Seite 5)

Fragen zur Geschichte

1. **Warum wird Tjara von ihrem Vater Tiger genannt?**

F Sie hat den Charakter eines Tigers, ist ein Tiger-Typ.

---

2. **Was ist Tjara nach dem chinesischen Horoskop?**

E Tiger

---

3. **Warum weiß Tjara, dass die Reise nach China geht?**

L Im Arbeitszimmer liegen Reiseprospekte zu China.

---

4. **Wie kommt es, dass der Tiger seine Scheu vor Menschen verdrängt hat?**

L Sein Jagdtrieb war stärker als seine Scheu.

Lösungswort: FELL

Wortknobelei

Welche Wörter gibt es wirklich?

Abenteuertrip	(T)
Abenteuerspielplatz	(I)
Abenteuerfilm	(G)
Abenteuerurlaub	(E)
Reiseabenteuer	(R)

Lösungswort: TIGER

„Im Abseits“ (Seite 21)

Fragen zur Geschichte

1. Was ist ein Derby?

F ein Spiel zweier Clubs aus der gleichen Region

2. Was gehört zum Männertag dazu?

A Burger, Pommes, Cola und ein Spiel des HSV

3. Warum haben die Jungs ihre Handys nicht mit?

N Damit sie nicht verloren gehen.

4. Welche Bedeutung hat der Begriff „grüner Junge“?

S Er steht für Unerfahrenheit.

Lösungswort: **FANS**

Wortknobelei

Welche Wörter gibt es wirklich?

Männername	(S)
Fachmänner	(T)
Männerturnier	(A)
Männer-WM	(D)
Männerchor	(I)
Männerabend	(O)
Männerteam	(N)

Lösungswort: STADION

„Sauer wie nie“ (Seite 37)

Fragen zur Geschichte

1. **Wo gibt es laut Ben die besten Halloween-Kostüme?**

P in Florida

---

2. **Welche Fehlentscheidung trifft Marvin, sodass die Jungen auf die blöden Typen treffen?**

A Er schlägt vor, durch den Park zu gehen.

---

3. **Womit bewerfen die fiesen Angreifer Ben?**

R mit Eiern

---

4. **Welche Bedeutung hat der Titel der Geschichte?**

K Ben ist sauer wie nie, da ihn das Halloween-Motto dieses Mal voll erwischt hat. Er hat von den Blödtypen viel Saures bekommen und will es ihnen zurückzahlen.

Lösungswort: PARK

Wortknobelei

Welche Wörter gibt es wirklich?

Sauerstoff (M)
Sauerrahm (A)
Sauertopf (S)
Sauerteig (K)
Sauerbraten (E)

Lösungswort: MASKE

„Weihnachts-Wow“ (Seite 53)

Fragen zur Geschichte

1. Wogegen ist Philines Ma allergisch?

B gegen die Bezeichnung Chefin

2. Welche Aufgabe hat Philine am Weihnachtsabend?

A Philine macht die Geschenkefee.

3. Was wünscht sich Philine?

U ein Super-Hammer-Knaller-Geschenk

4. Welche Bedeutung hat der Name Amanda?

M die Liebenswerte

Lösungswort: BAUM

Wortknobelei

Welche Wörter gibt es wirklich?

Christnacht	(W)
Christdemokrat	(E)
Christrose	(I)
Christmette	(H)
Christkindlesmarkt	(N)
Antichrist	(A)
Christbaum	(C)
Christkind	(H)
Christstollen	(T)

Lösungswort: WEIHNACHT

„Maxi und Minni" (Seite 71)

Fragen zur Geschichte

1. Wie tobt Maxi durch den Schlosspark?

M wie ein Wildpferd

---

2. Was wünscht sich Maxi bei ihrer ersten Begegnung von der Fee?

A Schönheit und Reichtum

---

3. Weswegen bewundern die Prinzessinnen Felix?

X wegen seiner Einstellung, mit dem zufrieden zu sein, was er hat

---

4. Warum sind sich Maxi und Minni zum Schluss der Geschichte so ähnlich wie nie?

I Maxi hat endlich zu einer inneren Zufriedenheit gefunden, so wie Minni sie schon immer hat.

Lösungswort: MAXI

Wortknobelei

Welche Wörter gibt es wirklich?

Märchenfee (M)

Glücksfee (I)

Küchenfee (N)

Wetterfee (N)

Zahnfee (I)

Lösungswort: MINNI

„Eine Gespenstergeschichte“ (Seite 91)

Fragen zur Geschichte

1. **Wer sind große Lakritzvernichtungsmaschinen?**

H Anton und sein Vater

2. **Welche Beutezüge machen Anton und sein Pa am Wochenende?**

I Lakritzbeutezüge

3. **Wer ist Blacky?**

H ein schwarzes Nachtgespenst

4. **Warum kann nur Anton Blacky sehen?**

I Blacky zeigt sich nur einem Lakritz-Kid.

Lösungswort: HIHI

Wortknobelei

Welche Wörter gibt es wirklich?

Quälgeister	(**M**)
Geisterfahrer	(**O**)
Geisterbeschwörer	(**N**)
Lebensgeister	(**D**)

Lösungswort: **MOND**

Weitere Titel der Reihe kurz | gut | silbiert von Kalle und Nicki Herges:

Band 1: Tierische Helden

Lesetexte ab Klasse 5

Kurzgeschichten, Sachtexte und Übungen illustriert von Jutta Wetzel

Spannendes, Lustiges und Anrührendes rund um unsere tierischen Freunde

128 Seiten
Bestell-Nr. 540-30

Band 2: Coole Freundschaften

Lesetexte ab Klasse 5

Kurzgeschichten, Sachtexte und Übungen illustriert von Sonja Kurzbach

Hier dreht sich alles um Beziehungen – zu Freunden und zu Tieren

120 Seiten
Bestell-Nr. 540-31